SUCCESSION

De Madame la Baronne C***

OBJETS D'ART

Et d'Ameublement

TABLEAUX ANCIENS

FAIENCES ET PORCELAINES

Bronzes — Bijoux — Objets de Vitrine

TAPISSERIES

PARIS — JUIN 1912

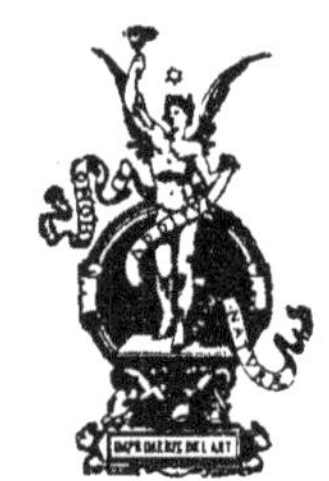

OBJETS D'ART

TABLEAUX

Faïences et Porcelaines Anciennes

BIJOUX ET OBJETS DE VITRINE

BRONZES

MEUBLES ET SIÈGES

ANCIENS ET MODERNES

TAPISSERIES

Provenant de la Succession de Mme la Baronne C*

ET DONT LA VENTE AURA LIEU

HOTEL DROUOT, SALLE N° 6

LE SAMEDI 15 JUIN 1912

à deux heures

COMMISSAIRE-PRISEUR   EXPERT

M° F. LAIR-DUBREUIL   **M. ÉDOUARD PAPE**

6, rue Favart   174, rue du Faubourg-Saint-Honoré

PARIS

EXPOSITION PUBLIQUE

Le Vendredi 14 Juin 1912, de 1 h. 1/2 à 6 h.

CONDITIONS DE LA VENTE

Elle sera faite au comptant.

Les adjudicataires paieront *dix pour cent* en sus des enchères.

L'exposition mettant le public à même de se rendre compte de l'état et de la nature des objets, aucune réclamation ne sera admise une fois l'adjudication prononcée.

Paris. — Imp. de l'Art, Ch. Berger, 41, rue de la Victoire

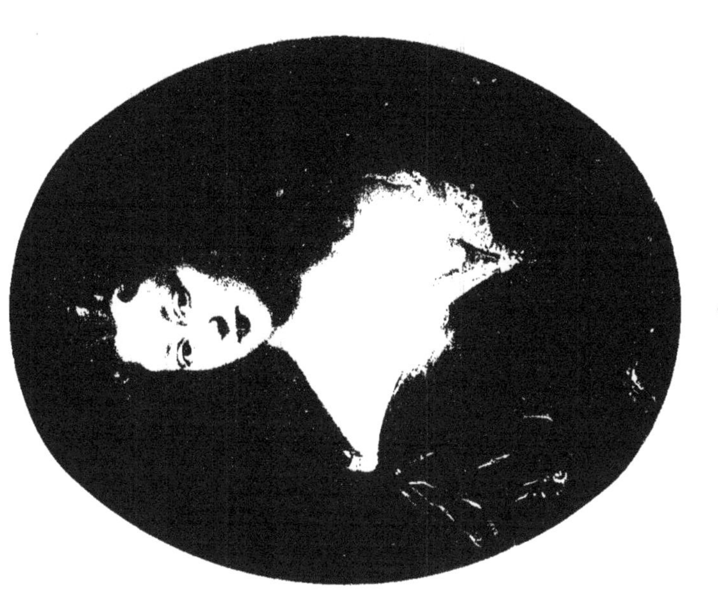

3

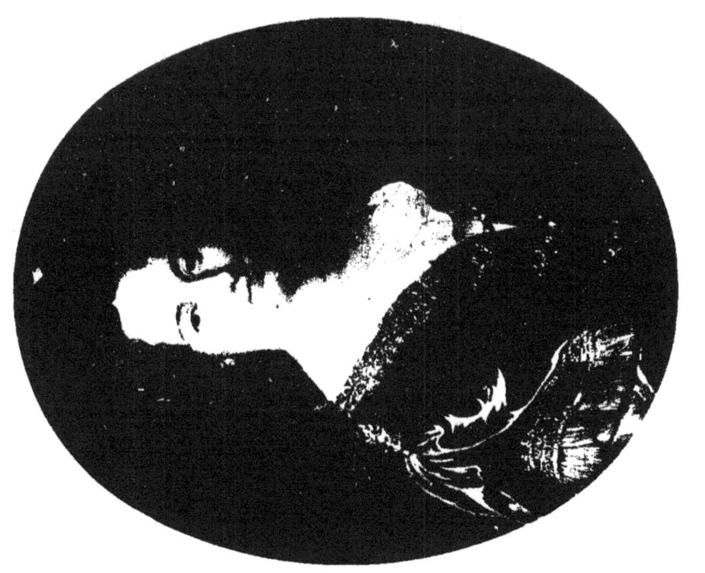

4

DÉSIGNATION

TABLEAUX, GRAVURES

ÉCOLE FRANÇAISE (xviiiᵉ siècle)

1 — *Portrait d'Homme en habit rouge.*

Pastel.

ÉCOLE FLAMANDE (xviiiᵉ siècle)

2 — *L'Adoration des Mages.*

Peinture sur cuivre
Cadre en bois sculpté ancien.

LARGILLIÈRE (Attribué à)

3 — *Portrait de Jeune Femme blonde.*

Elle est décolletée, ses boucles viennent effleurer son corsage bleu.

MIGNARD (Attribué à)

4 — *Portrait de Jeune Femme brune.*

Elle est décolletée et vêtue d'un corsage rouge.

ÉCOLE FRANÇAISE (xviiiᵉ siècle)

5 — *Portrait de Femme.*

Pastel.

LARGILLIÈRE (Attribué à)

6 — *Portrait d'Homme.*

Vu presque de face, les épaules drapées de velours rouge.

Cadre ancien en bois sculpté et doré.

RUBENS (Attribué à)

7 — *Bacchanale.*

Silène, alourdi par l'ivresse, est soutenu par un nègre et un faune. Des paysans et des paysannes se penchent vers lui et le regardent curieusement.

A ses pieds, une bacchante allaitant deux enfants est près de choir à terre.

Un jeune garçon, à droite du groupe, semble conduire un bouc au compagnon de Bacchus, tandis qu'à gauche, un tigre essaie d'attirer à lui les grappes de raisin que le faune va laisser échapper.

Dimensions du tableau :

Haut., 2 mètres; larg., 2 m 20 cent.

Cadre en bois sculpté et doré du temps de Louis XIV.

Ce tableau, apporté dans la famille en 1722, par Mme Bernard de Joux, qui épousa François Desvignes, seigneur de Davayé, a fait partie des Collections Davayé et de Surigny.

Il en existe une réplique à la Pinacothèque de Munich et une variante à Berlin.

XVIIIe SIÈCLE

8 — *Elle mord à l'hameçon.*

Gravure.

BONNET (D'après BOUCHER)

9 — *Bergère et amour.*

Gravure à l'imitation de la sanguine.

10 — Album de gouaches, dessins et aquarelles, signées : CAZIN, LALANNE, FORT, MOREL-FATIO, etc.

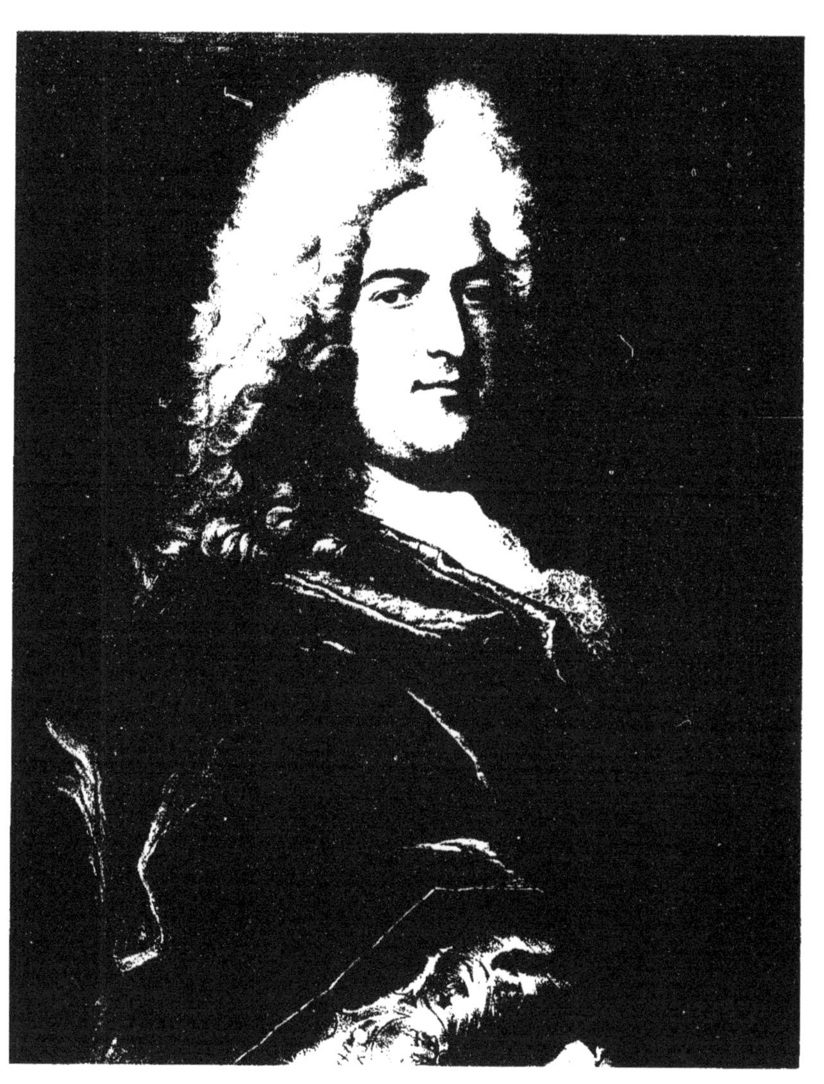

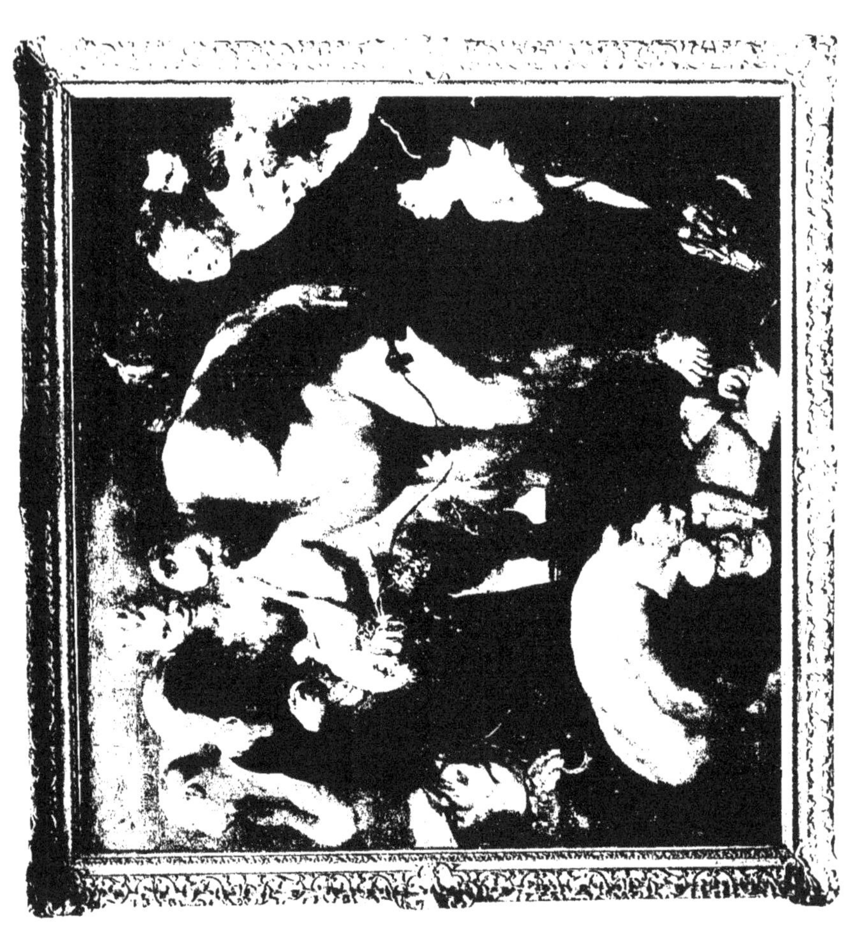

FAIENCES ET PORCELAINES
ANCIENNES

11 — **Lorraine**. Figurine de tambourinaire.

12 — **Saint-Clément**. Jardinière, forme demi-lune, à quatre pieds.

13 — **Italie**. Petite coupe, représentant la Vierge et l'Enfant.

14 — **Rouen**. Jardinière de forme ovale, décor camaïeu bleu.

15 — **Italie**. Petite potiche, forme boule, décor camaïeu bleu.

16 — **Castelli**. Deux plaques, à décor de paysages.

17 — **Chine**. Deux potiches ovoïdes laquées noir.

18 — **Delft**. Une potiche couverte, décor polychrome.

19 — **Delft**. — Deux bouteilles décor, camaïeu bleu.

20 — **Rouen**. Pot à tabac, décor à la corne.

21 — **Delft**. Petite bouteille, décor de Chinois camaïeu bleu.

22 — **Delft**. Potiche, décor camaïeu bleu.

23 — **Sinceny**. Plat à barbe, décor de fleurs polychromes.

2**1** — **Delft**. Petite bouteille, décor camaïeu bleu.

2**5** — **Delft**. Plaque, décor camaïeu bleu, représentant une fillette dans le goût de Boucher. Sa main droite s'appuie sur une cage d'où s'est échappé un oiseau qui vient de se percher sur sa main gauche.

Haut., 35 cent.; larg., 28 cent. env.

PORCELAINES ANCIENNES

2**6** — **Chine**. Deux petits pots ovoïdes, décorés de fleurs et de personnages polychromes. Époque Kien-lung.

2**7** — **Indes**. Sucrier et son plateau, décor camaïeu bleu.

2**8** — **Chine**. Petit pitong, décor polychrome de personnages. Fin de l'époque Kien-lung.

2**9** — **Chelsea**. Figurine d'enfant portant une corbeille de fleurs.

30 — **Paris**. Deux pots de toilette, décor de barbeaux.

3**1** — **Saxe**. Deux statuettes : Femme déjeunant ; Femme présentant un miroir à son chien.

3**2** — **Chine**. Potiche, à décor de personnages polychromes. Époque Kien-lung.

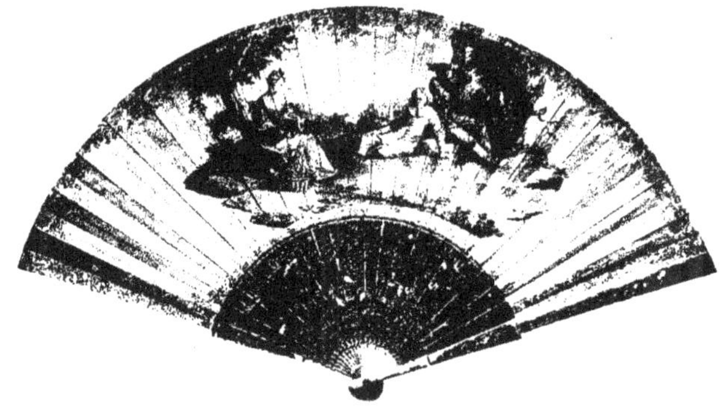

48

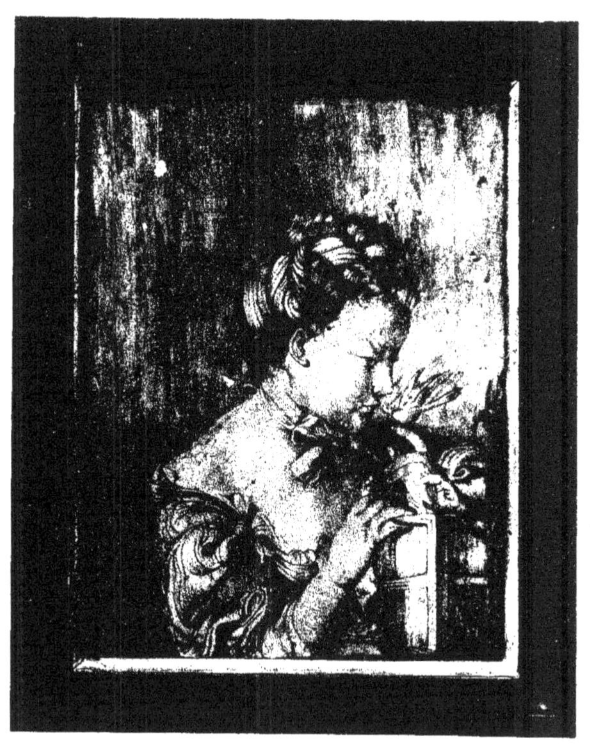

25

33 — **Indes**. Deux jardinières, ornées de personnages en relief sur fond clathré. A la base, paysage en camaïeu bistre.

34 — **Chine**. Cornet céladon.

35 — **Chine**. Deux carafes à Khalian, décor camaïeu bleu.

BIJOUX
ET OBJETS DE VITRINE

36 — Bague jonc, or et brillant.

37 — Bague jonc, or et brillant plus petit.

38 — Broche, formée d'une topaze entourée de vingt-deux brillants et de deux gros.

39 — Bague de femme jonc, or fileté et brillant.

40 — Bague de femme, or et brillant accompagné de six petits brillants.

41 — Bague or avec camée ovale entouré de roses.

42 — Bague, ornée d'un saphir de forme ovale entouré de douze petits brillants.

43 — Bague marquise, contenant une miniature de femme, d'époque Louis XVI.

44 — Châtelaine cuivre doré, à attributs. Époque Louis XVI.

45 — Petite bague, ornée d'un nœud d'émeraudes et de roses. Époque Louis XVI.

46 — Petite broche contenant une miniature d'enfant.

47 — Miniature ovale, représentant un homme en habit bleu et jabot de dentelle.

48 — Eventail, représentant une scène de la Comédie italienne, attribué à Lancret : Trois personnages devisent dans un parc. XVIIIe siècle.

49 — Drageoir, de forme ovale, jaspe monté argent. Époque Louis XV.

50 — Noix de coco montée argent. Fin de l'époque Louis XVI.

51 — Montre en or. Époque Louis XVI.

52 — Miniature de femme décolletée et poudrée. Époque Louis XVI.

53 — Grosse montre en argent. Époque Louis XV.

BRONZES, OBJETS VARIÉS

54 — Petit faune jouant avec une chouette. Bronze patiné, d'après CLODION.

55 — Petit faune étranglant un oiseau. Bronze patiné, d'après CLODION.

56 — Deux petits flambeaux à deux branches, formés chacun d'une statuette d'enfant en bronze patiné.

57 — Vase chinois, bronze patiné.

58 — Paire d'appliques à cinq lumières. Style Louis XV.

59 — Petite pendule-religieuse. XVIIe siécle.

60 — Deux flambeaux, bronze doré. Style Régence.

61 — Deux chenets, bronze doré.

62 — Deux brûle-parfums en ancienne porcelaine de Chine, décor bleu sur blanc. Deux montants ajourés à fleur de lys terminés chacun par une tête de lion dont la gueule tient un anneau se raccordent à un piédouche en bronze ciselé et doré.

63 — Pare-étincelle forme éventail.

64 — Lampe à colonne, marbre.

65 — Petit lustre à plaquettes de cristal. Époque
Louis XV.

66 — Deux chandeliers, bronze patiné chinois.

67 — Une verrière, cuivre argenté. Époque
Louis XV.

68 — Autre verrière plus grande.

69 — Suspension, cuivre.

70 — Grand plateau laque noir.

71 — La Vierge et l'Enfant. Bois sculpté.

72 — Deux tableaux chinois, peints sur verre, représentant des femmes couchées.

73 — Bouteille, coupe et flacon, verre de Venise.

74 — Pendule vernis Martin fond vert. Époque
Louis XV.

MEUBLES ET SIÈGES

91 — Secrétaire, acajou. Époque Louis XVI.

92 — Commode, acajou. Époque Louis XVI.

93 — Petite table de nuit, forme ovale, en bois de rose et de violette et à dessus de marbre brèche.

94 — Fauteuil, reps rouge.

95 — Coffre fait en partie de panneaux gothiques.

96 — Deux fauteuils Louis XIII.

97 — Servante acajou, à quatre pieds avec entre-jambe. Époque Louis XVI.

98 — Servante analogue. Style Louis XVI.

99 — Petit meuble vitrine en bois noir, à incrustation d'écaille sur cuivre. Style Louis XIV.

100 — Pendant du précédent.

101 — Console d'angle, décorée de rinceaux, guirlandes et médaillon en bois sculpté et doré. Dessus de marbre. Style Louis XVI.

102 — Console identique.

103 — Petite table à quatre pieds galbés, dont le plateau est couvert de bois de rose. Epoque Louis XV.

104 — Canapé et deux fauteuils, couverts de soie jaune. Style Louis XV.

105 — Quatre petits fauteuils, couverts de soie à fleurs. Epoque Louis XVI.

106 — Deux chaises, dossiers à baguettes, couvertes de soie. Epoque Louis XVI.

107 — Fauteuil, recouvert de soie. Epoque Louis XVI.

108 — Guéridon à trois pieds en bois sculpté et doré, dont le plateau est supporté par un négrillon.

109 — Pendant du précédent.

110 — Grand fauteuil, à dossier droit, couvert de tapisserie au point. Style Louis XIII.

111 — Fauteuil analogue.

112 — Fauteuil, couvert de soie brochée. Epoque Louis XVI.

113 — Fauteuil semblable.

114 — Deux fauteuils en bois sculpté, recouverts de soie. Style Louis XV.

115 — Tabouret en forme d'X.

116 — Table-bureau en bois de rose. Style Louis XV.

117 — Baromètre-thermomètre en bois sculpté et doré.

118 — Paravent à deux feuilles en bois sculpté et doré, dont le cadre simule le marbre. Les deux feuilles en soie sont ornées au centre de gravures ovales au pointillé, qu'entourent des broderies ornementales composées de rinceaux, d'oiseaux et de vases. Fin de l'époque Louis XVI.

TAPISSERIES

TENTURES

119 — Grande tapisserie-verdure, présentant un
château devant lequel passe un cours d'eau où
boit un volatile. xviie siècle.

Haut., 2 m. 70 cent.; larg., 3 m. 50 cent.

120 — Tapisserie à petits personnages, présentant
un jeune villageois devisant avec une bergère. Un
chien couché veille à leurs pieds. Aubusson,
xviiie siècle.

Haut., 1 m. 75 cent.; larg , 1 m. 45 cent.

121 — Tapisserie, représentant le Jugement de
Pâris. Pâris, vêtu d'une chlamyde bleue, est
assis sur un tertre, au pied d'un arbre. Sa main,
soutenue par l'Amour, décerne la pomme à
Vénus, tandis que, derrière lui, Mercure semble
indiquer de son caducée Minerve et Junon au
choix du berger. Les deux déesses, accompa-
gnées de leurs oiseaux symboliques, cherchent
par leurs gestes à attirer sur elles l'attention du
beau juge. Au premier plan, un chien dort près
de la houlette de son maître. A gauche, paysage
animé de colombes et de moutons. A droite,
arbres et fleurs. Aubusson, xviiie siècle.

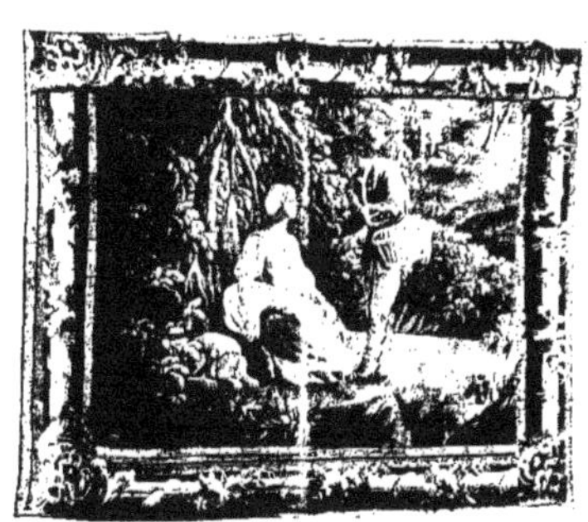

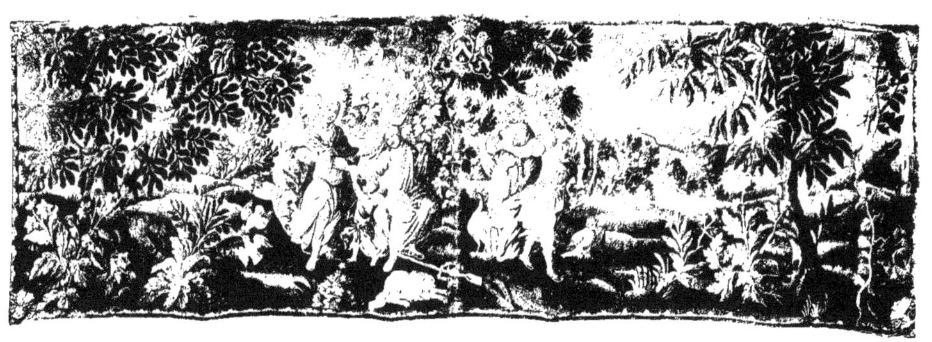

122 — Tapis de Smyrne.

123 — Tapis d'Orient.

124 — Objets omis.

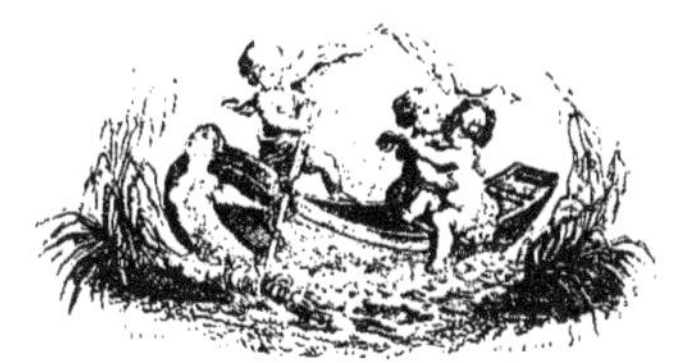

9 782329 604671